JN440260

너무나 깊은 골목

김영숙 시집

문학의전당 시인선
140

너무나 깊은 골목

김영숙 시집

문학의전당

시인의 말

살아온 날들보다 마지막이 더 아름다울 것이라고
쓴다.

하루를 다 사르고
심장을 빼 던지듯 마지막을 불사르는
붉디붉은 노을을 보라.

이 얼마나 숭고한 아름다움인가.

걸어온 날들보다
남은 날들을 더 아름답게 불놀여야 하는 일

빈 껍질이 더 아름다운
한여름 매미처럼

나는 살 것이다.

늦가을 숲골에서
김영숙

차례

시인의 말

제1부

바닥論 13
너무나 깊은 골목 14
유리창 1 15
유리창 2 16
유리창 3 17
홍옥 18
커튼 속의 女子 19
발 없는 새 20
그녀의 문 21
눈 22
허기 23
사물의 굴레 24
비워진 동동주사발 26
그의 출근길 27
서울역 28

제2부

겨울 샛강 31
소금창고 32
독거노인 33
나목의 봄 34
세렝게티 35
첫눈 내리던 날 단풍잎의 독백 36
나르키소스 38
카페에서 만난 쟁기 39
山門에 들어 40
동그라미 41
소박이 42
자화상 43
외출복을 입고 갈치를 튀기는 여자 44
오작동 부호들이 충돌하다 46
인생 48

제3부

오래된 역사에서 51
선인장의 오후 52
꽃바람 53
길 54
가면놀이 55
생일 56
딜레마 57
태풍 58
잃어버린 시간 60
샘물 속의 별은 사랑을 닮았다 61
전철역 62
외길 64
고요 65
주흘산 66
노을 68

제4부

단비 71
산수유 72
오월 장미가 피듯 73
이슬에게 74
목도리 75
망각 76
터널 77
이름 찾기 78
간판 하나 80
늙지 않는 갈대 81
허기를 날린다 82
어느 날 남서향집 거실 84
공 85
엄마 나 딸 86
지우고 싶은 것들 88

해설 | 여성으로서의 숙명과 감성 89
윤석산(시인, 한양대 명예교수)

제1부

바닥論

마당에 쿵! 새가 죽어 떨어진다
바닥의 먼지들이 일제히 몸서리치며 일어선다
세상을 지배하는 먼지들
공기를 다 잡아먹고서야 바닥에 눕는다

바닥에 눕는 것이 먼지뿐이랴
아무리 높은 나무에 매달린 나뭇잎도
떨어지면 바닥이요
공중의 날것들도 날갯짓을 멈추면 바닥이다
하늘에 빌붙어 사는 별들도
반짝임을 멈추면
그 순간 바로 바닥이다

태어나 결국 바닥으로 가는 것이 生이다
바닥을 모르고 어찌 세상을 걸으랴
오늘도 쓸고 닦고
내가 먼저 바닥을 일으킨다

너무나 깊은 골목

전봇대를 붙잡고 늘어진 전선 위로
눈발들이 공중곡예를 한다
낡은 빗살처럼 가늘게
창문에 얼비친 그림
태아처럼 등 굽은 사내
터벅터벅 내딛는 발자국이 깊다
낡은 구두에 눈발이 든다
붉은 시멘트벽 세월의 파편 자국으로
군데군데 얼룩져 서럽다
생의 한 모롱이
무거운 외투가 그림자를 업고
젖은 구두가 사내를 끌고
꿈꾸듯 지워질 듯 사라져 간다
눈발도 차갑게 돌아 눕는
너무나 깊은 골목

유리창 1

어둠이 조금씩 지워져간다
눈 밖의 풍경들이 거침없이 경계를 넘어온다
걷히지 않은 새벽안개가
뭇 사물들의 발목을 붙잡고 있다
떠나지 못하고 유리창을 배회하고 있는 것이
안개만은 아닌 듯
놀이터 그네 위에 남은 체온이
누군가를 기다리고 있다
한밤을 건너온
구겨진 신문지의 물먹은 문장들을 어떻게 읽을까
속을 다 비워낸 소주병 혼자
쓸쓸히 뒹굴고 있다
모과나무의 검은 잎은 단단히 묶여 있고
아직 깨어나지 않은 풍경들이
꾸역꾸역
들숨 날숨으로 경계를 넘는다

유리창 2

누군가 나를 볼 수 있도록
온몸을 열고 기다리지
그런데 이상하지?
거만한 햇볕의 농락과
장대비의 채찍질을 온전히 받아낼수록
나는 점점 투명해지는 거야
나를 비우면 비울수록
산과 들판의 초록 물결이
내 투명한 몸속으로 들어오기 시작하는 거야
담장 밖의 빨간 장미도
바람의 탄식도 볼 수 있어
그런데 어떡하지?
소리가 없고 향기도 없으니
나를 만질 수가 없어
어둠의 자식인 저 까마귀를
끌어안아야 할까
그러면 숨을 쉴 수 있을까
숨을 쉬어도 좋을까

유리창 3

누가 돌 하나만 던져줘

와르르
왕창

한번 깨어져 봤으면

홍옥

내가 아는 여자의 키는 1m 20cm
나이는 50대 중반
그녀와 함께 전철을 탔다
사람들의 시선이 모두
그녀에게 꽂힌다
— 아직도 내가 예쁜가 봐요.
그녀의 얼굴에 홍조가 돌며
미소가 번진다.
나도 따라 웃었다.

커튼 속의 女子

참새 한 마리가
항아리 뚜껑에 고인 빗물에 부리를 댄다
총총 고개를 두리번거리며
물을 마신다

커튼 속의 女子
새를 바라보며 마른침을 삼킨다
눈빛이 흔들린다
안락의자가 흔들린다

참새가 날아간다
항아리에 고인 빗물은 잠잠한데
안락의자만 심하게
요동을 친다

발 없는 새

허상 속을 퍼덕이는 새야
창공의 협곡에서 가벼운 빗방울처럼
한번 떨어져 봐
안전한 착륙은 허락되지 않아
대지가 너를 거부할수록
푸른 하늘이 얼마나 고독한 감옥인지
얼마나 투명한 감옥인지
알게 될 거야
허상 속을 퍼덕이는 새야
무거운 날개를 접어
직선으로 싸늘하게 추락하는 거야
견고한 허공의 끝을 박차고
솟구치듯 추락하는 거야
시간의 끝자락에 닿을 때까지

그녀의 문

그녀는 평생 갇혀 있는 문
굳게 닫혀 있는 문
누군가 인도해주지 않으면
열리지 않는 문
문밖은 아예
내다볼 생각도 못하는 문
그녀는 內外 중
內에 해당하는 삶이였어
천 년 만에
열리는 문이었어
갇혀 있던 문이 걸어 나가
바람을 막던 문이
바람을 안기 시작했어
문 안과 밖은 하나
內, 外

눈

구름 뒤에 서성이며
키워낸 그리움
찬 서리 보내고야
하얗게 꽃으로 태어났다

얼음으로 피어난
영혼이라니!

순백의 영혼을
누가 녹는다 하는가

허기

배고픈
나의 두 눈에

오늘밤은
별을 달아주어야겠다

사물의 굴레

사물의 규격 안
시야에 들어오는 것들은 그녀를 묶는 사선
제도, 법규, 언어와 사랑은 직선
사회를 구성하는 관계는 대각선
思考는 벽
사물의 굴레

무엇에든 완전히 미쳐야 자유로울 수 있다는데
무엇에든 미칠 수가 없는,

사물의 규격 안
시야에 들어오는 것들은 그녀를 묶는 사선
제도, 법규, 언어와 사랑은 직선
사회를 구성하는 관계는 대각선
思考는 벽
사물의 굴레

가녀린 새싹 스스로 땅을 뚫어야 하는 법

쇠가 쇠를 다스리듯
자신을 다스릴 수 있는 건 자아를 갈망하는 자신,
사물의 규격 안에서
사물의 굴레 밖에서

비워진 동동주 사발

목구멍으로 치솟아 오르는 노여움
차마 뱉어내지 못하고
동동주 사발에 그득 담는다
내 속으로 쏟아 붓는다
꿈틀거리는 분노
씻길까 마는
쉽사리 내려가지 못하고
명치끝에 걸리어 영 거북스럽다
다시 그득 담겨진 사발 위에
뿌옇게 서글픔이 뜬다
이것도 마셔 버리자
목젖을 가로질러 창자를 흔든다
비워진 사발을 뒤집어
머리에 부어보니
가물가물 모든 것이 희미해진다

그의 출근길

큰 아이가 우리의 울타리를 벗어난단다
저장고에 넣었던 것 죄다 꺼내 딸의 봇짐 속에 넣어주었다

둘째 아이가 우리의 울타리를 벗어난단다
저장한 먹이 모두 딸의 봇짐 속에 넣어주었다

그의 출근길이
살아온 인생보다 더 멀어졌다

서울역

해체된 꿈들이 거리로 쏟아져 나온다
돌개바람이 기둥처럼
심야의 가난을 받치고 서 있다
버려진 것들도 때로는 기둥이 될 때가 있는가
시든 배춧잎 같은 몸을 깊숙이 말고
담배에 불을 붙인다
손 안에 퍼지는 라이터 불빛으로
눈을 밝히고 길을 나선다
허름한 발자국을 애써 지우며
심야의 도심 속으로
천천히 스며든다

제2부

겨울 샛강

폭설이 강기슭을 두껍게 덮는다
강물 위엔 잘려진 나무토막들이 짐승 뼈처럼 서 있다
청둥오리들은 보이지 않고
강을 떠날 수 없는 갈대의 마른 울음소리가
기억을 놓쳐버린 바람처럼
눈발에 묻힌다
강물 위에 찍힌 저 하얀 발자국들은
지금 어디로 흘러가는지
아무리 기다려도 휴대폰은 울리지 않는다
하얗고 슬픈 발자국이 되어
너에게로 다가갔을 때
너는 왜 자꾸 하류로만 흘러갔는지
겨울 샛강은 대답이 없다

소금 창고

바람을 등에 업고 눈물 끓여 달이던
지나간 시간들은 다 마르고
처마 끝에 걸어둔
잔주름 같은 거미줄만 무성하다

오래된 벽에 들러붙어
푸석푸석 녹슬어가는 못대가리들
녹지 않는 소금알갱이들

썰물 뒤로 물러앉아
더 채울 수도, 더 비울 수도 없이
속절없이
늙어가는 집이여

이젠 소금마저 발효시키려는가
굳게 문을 닫아걸고
스스로 독이 되어가고 있다

독거노인

가만히 문고리를 밀고
초겨울을 내다본다
가을걷이 끝낸 텅 빈 들판에 홀로 남은 허수아비
옷자락이 바람에 시달리며 펄럭인다

부스스한 허연 머리 바람에 날리며
절룩절룩 절며 황혼 길을 걸어가는 노인
등 봇짐이 기울어져 있다

노인이 걸머진 봇짐 고쳐 매주지 못하고
오르락내리락 마음 발만 헛디디고
울컥, 회오리처럼 쓸쓸함만 흥건히 가슴에 고여 온다

다만 마음 곳간 깊이 묻어 두었던 불씨마저
꺼질세라 다독여본다

나목의 봄

햇살이 얼음장 깨고 몰려올 때

나도

내 뿌리의 심지에

푸르른 불씨를 지피리라

세렝게티

헐벗은 가젤은
헐벗은 가젤끼리

발목이 없는 누들은
발목이 없는 누들끼리

주검은
주검끼리

저 강을 다 건너야 한다

첫눈 내리는 날 단풍잎의 독백

아직 준비가 되지 않았어
차올랐던 푸른 슬픔도 가라앉지 않았어
나는 아직 붉은 심장이란 말이야
이젠 그 심장을 내려놓을 시간이 됐다고?
그래?
난 너와 함께할 수 있는데
너무 늦은 걸까?

넌 여전히 보드랍고 따뜻하구나
그런데 왜 내게만 유독 이렇게 차갑지?
하얀 심장이 눈을 뜰 때까지
조금만 기다려줘
나는 어차피 떠나야 하거든
그리 재촉하지 마
아직은 시간이 필요해
탈색의 시간이 필요해

그래

결코 너를 거스를 수 없다는 걸 알아
이젠 떠나야 할 시간이야
그저 혹한을 고독 속에 묻혀 있어야만 해
그래 차라리 동토가 되는 거야
그럼 견딜 만할 테니까

나르키소스

한밤에 귀 기울이고
샘물에 비친 달의 노래를 듣나니
오! 청옥이여
서글픈 아름다움이여
너는 이제 마법의 물 밖에서도 사랑할 수가 없나니
물결에 일그러지는 자화상의 슬픔이여
물에 빠진 사랑이여
끝내 영혼을 담아내지 못한
나르시시즘이여!

카페에서 만난 쟁기

허물어진 토담 밑
서늘했던 날 녹슬고 무뎌진 채
헛간처럼 누워 있는 농부
소잔등을 쓸며
멍에가 닳도록 고삐를 끌던 손은
다 어디로 갔는가

山門에 들어
— 일체유심조(一體唯心造)*

누구는 달빛에 감자를 구워 먹는다 하고
누구는 달빛에 야생화 버무려 비빔밥을 만든다 하고
누구는 달빛에 이야기가 지글지글 익는다 하고
누구는 달빛에 술을 빚는다 하고
누구는 달빛에 목욕을 한다 하고

---

* 모든 것은 마음이 만들어

동그라미

너는 언제나 칠흑 같지
깨어나고 싶은데
알 속에서
별이 되고 싶은데
너에겐 따뜻한 틈이 없어
문도 없어
중심에 유배된
너를 눈물이라 부를까
우주라고 부를까
열고 나갈 창문도 없이
웅크린 태아처럼
깜깜하게
억만 년 전 그날처럼

소박이

세월에 눌려 난도질당한 칼자국으로
성한 곳이 없는 도마 위에
말갛게 눕는다

그날의 그날,
푸르고 싱그럽던 날개 한풀 꺾고
눈을 질근 감고 숨죽이며 견뎌야 했던 짜디짠 날들에
아린 심장으로 켜켜이 소 채워 붉게 물이 들었다
차곡차곡 채워 넣은 꼿꼿한 성깔도 알맞게 곰삭았다
도마 위에서 칼로 저며지는 순간
살점 사이로 툭툭 불거지는 속살이
견딘 시간만큼이나 붉다

그의
뜨거운 밥 위에서
펄펄 끓인 라면 위에서
아삭아삭 입맛을 돋워줄 남은 날들이
도마 위에 푸른 저녁으로 눕는다

자화상

책상 앞으로
어둠이 목발을 짚고 걸어오면
유리창 저쪽으론 영락없이
깃털처럼 살아나는 것이 있어요.

불빛 웨이브를 걸친 미라 같아요.
하얀 석고상의 창백한 눈에
동공 속 초점은 인식하지 못해요.
달빛이 그녀를 비춰요.
투명하게 떨어요.

어둠 속에서만 존재하며
밤이면 실루엣으로 나를 회유(回遊)하는 나를 보아요.
스탠드를 꺼버렸어요.
밤이 시간을 빨아먹기 시작해요.
밤이 허기를 다 채울 때까지
난 기다려야 해요.

외출복을 입고 갈치를 튀기는 여자

그녀의 손바닥에서 시계 초침 소리가 난다
조금은 덜 해동된 갈치에 옷을 입혀
100도가 넘는 온도에서 반신욕부터 시킨다
지글지글 타다닥 외출복에 성깔이 튄다
기름의 열기가 온몸에 밴다

초침소리가 손바닥을 자꾸 찌른다
화장한 얼굴에서 땀이 흐른다
뜨거운 열기로 바짝 세운 머리가
진땀으로 푹 주저앉는다
갈치는 노릇노릇 바삭하게 익어가는 중이고
그녀는 하나씩 무너져 내리고 있다
가슴골에 직선으로 떨어지는 땀방울

갑자기 갈치가 먹고 싶은 사람과
외출복을 입고도 갈치를 튀겨야 하는 여자
과열된 삶의 프라이팬에서
엎치락뒤치락

긴장된 세포가 붉게 익어간다

오작동 부호들이 충돌하다

머리를 의자에 기대고 눈을 감는다
두 손가락으로 눈동자를 지그시 눌러본다.
어둠이 움직인다.
손끝이 동공에 밀착되며
동공에 기록된 하루가 컴퓨터 모니터처럼 뜬다.
화면엔 자리를 찾지 못한 부호들이 파리 떼처럼 날아다니고
연결되지 않는 단어들은 지그재그로 겹쳐진다.
커서를 대고 뒤로 화살표를 눌러 보지만 지워지지 않는다.
아예 삭제 버튼을 누른다
삭제되지 않는다. 오류 발생
눈동자가 아리어 더욱 선명하게 비춰지는 화면 속
늙은 승냥이 같은 여자, 가롯유다 같은 여자, 카멜레온 같은 여자
세 여자의 쇠 자르는 것 같은 소리들이
자음과 모음으로 따로따로 튄다.
맞춰보려 애를 쓰면 쓸수록 더 강한 소리를 내며 튕겨져

나간다.

오작동으로 마구 구겨진 화면이 꽉 찬 하루

차라리 정전이었으면…….

인생

낙엽이 바람에 구르는구나
바람이 어디로부터 와서
어디로 가는가
마음 또한 어찌 시작되고
가는 길도 알 수 없나니
바람을 주먹 안에 넣을 수 있으랴
마음을 내 안에 붙잡아 둘 수 있으랴
어차피 가는 것이 길이요
모든 것이 가나니
어디서 왔다 한들
또한 어디로든 아니 갈쏘냐

제3부

오래된 驛舍에서

굵게 구겨진 낡은 시멘트벽
앙상한 줄기만 남도록 떠나지 못한 담쟁이
열차의 소음으로 뛰어든다
벽을 검게 덧칠하고 있는 이끼
혁명 같은 누린내를 풍기고
녹슬어 누워 있는 철길 위로
잔뜩 배불린 열차가 굉음에 끌려간다

깨진 시멘트벽으로 스며드는
철없는 진눈깨비
사방팔방으로 흩어진다

역사(歷史)는 녹슨 철로 위에 누워 잠자고
역사(驛舍)는 뛰어드는 진눈깨비를
조심조심 받아 안는다

선인장의 오후

내부로 햇살이 주춤주춤 들어오더니
모서리에 꺾인 채 눕는다
그림자도 따라 눕는다
지루한 가구들은 오후 햇살로 현기증이 일고
빛바랜 소파엔 오래된 남과 여가 석고상처럼 앉아 있다
벽시계는 오로지 갖춰진 간격과 소리로
거실의 구석구석에 적막을 뿌린다
팽팽하게 긴장된 공간 사이로 시간이 녹슬어 간다

창틀 위에 침묵하고 앉아
자신의 몸을 찔러 꽃을 피우는 선인장
꽃잎으로 제 상처를 핥고 있다

그녀의 설움을 알고 있다

꽃바람

꽃잎이 바람으로 술렁인다
붉은 철쭉은 온 산에 불을 지를 때
팔순 노모의 홧병은
깊어만 간다

꽃의 색이 붉게 달구어질수록
타들어가는 입속
늙지 않는 꽃불
노모의 설움을 붉게 살라
풍경을 흔드는구나

마당 가득 수놓던 매화
공중에 나부끼는 하얀 꽃바람

노모의 백발 같다

길

흐린 날 돌길을 오래오래 걸어야 했다

칼바람에 흐트러지는 의식
동공을 가리고
흔들리는 발끝마다 차이는 돌부리에
돋아나는 상처들

땅거미가 내려 기어도
이 걸음 다 멈출 수 없어

흐린 날 돌길을 오래오래 걸어야 했다

젖은 햇살이
부슬비처럼 돌길을 적신다

붓고 짓무른 발등으로 너에게 간다

가면놀이

천사가면을 만들어 놀았다
한바탕 놀이마당을 벌였다
가면 속 얼굴이
땀범벅이 된 천사가 되었다

악마가면으로 바꾸어 쓰고 놀이를 했다
한바탕 놀이마당을 벌였다
가면 속 얼굴이
더 행복하게 웃고 있다

생일

세월보다 낮은 텃밭의 흙을 더듬으며
더욱 더 굽어지는 몸으로 밭고랑 풀을 뽑는다
웃자란 풀들의 뿌리가 내 손마디보다 굵다
무디어진 손끝의 굴욕을 애써 참으며
목덜미로 친친 휘감기는 땀방울을 훔친다
허리를 겨우 땅바닥에 고정시키고
손아귀에 힘을 준다
풀의 발악!
풀 한 포기 제압하지 못하는 어느 생일날의 오후
하늘을 올려다본다, 허공이 흐릿하다
언제부터였는지
산에선 뜸부기가 뜸북뜸북 가늘게 젖어 있다

딜레마

나는 떨고 있어요
아팠거든요
그를 밀쳐냈어요
아팠거든요
그가 떨고 있어요
아팠거든요
안아주고 싶었어요
아팠거든요
내가 가까이 갔어요
아팠거든요

적절한 간격을 찾을 수가 없어요
우린 서로 아팠거든요

태풍

바람도 목까지 차면 폭발하여 미친 듯 날뛴다.

닥치는 대로 휘두르고 부순다.

서 있는 것들을 휘휘 돌려대다 팽개치기를 수없이 반복하며

뿌리째 뽑아내려 악다구니를 쓴다.

지쳐 정신 줄을 놓아버리고 차라리 뿌리가 뽑혀 눕고 싶은 것이다

산다는 것은 때론 고난도의 바람에 흔들려야 하는 것

안간힘으로 버티고 있는 생

인간이 만든 사물들은 꿈쩍 않는다.

놀이터의 철봉과 미끄럼틀은 바람을 모른다. 태풍을 모른다.

생명이 있다는 것은 고통을 견디는 일

사물이 단 한 번에 부서지는 것은

흔들릴 수 없기 때문이다.

태풍에 기어이 손목을 놓을 수밖에 없는 제한된 힘

바닥에 세차게 나뒹굴다 흔적 없이 사라지는 초록들
생명이 있다는 것은 모질게 흔들려야 하고
더러는 내어놓아야 하는 것이다.

잃어버린 시간

허기진 야수처럼 달려드는 전철
채워지지 않은 내부로 햇살이 꾸역꾸역 든다
의자에 몸을 맡기자 눈꺼풀이 무거워진다

고정된 레일 위로 굶주린 시간이 달린다
차창 밖 싱그럽던 풍경의 살점들
어둠에 잡아먹히고
객차에 남은 하얀 눈동자들이
우기(雨期)를 기다리고 있다

창에 비친 힘겨운 얼굴들
입체적인 표정들
시간은 모두 어디로 가나?
저 위로 빗방울이 사선을 긋는다면
피카소의 그림이 될 것이다

샘물 속의 별은 사랑을 닮았다

청명한 날 밤
샘물 속에 별이 그득 담겼습니다
밤새워 별을 두레박으로 길어 올렸습니다
퍼내고 퍼내어 나누어 주어도
샘물엔 여전히 별이 가득 담겨 있습니다
흐린 날엔 별이 모두 사라집니다
아무리 들여다봐도 별들은 아니 내려옵니다
청명한 날 밤
맑은 샘물이어야
별들이 가득 채워집니다

전철역

날은 흐리고 바람 불고
몇 줄기 빗방울 날리고
내 머리도 날리고
그래서 더 좋은 날

서성이다
자판기에서 커피 꺼낸다
종이컵 감싸 쥐고 향내 맞으며
누워 있는 철길 위에
시선을 올려놓고
간이의자에 몸을 기댄다

전차 멈추니
내리고 오르고 떠나고
전차는 보내고 나는 남는다

간격이 갖춰진 선로
올 수도 갈 수도 있는 우리의 간격

그 위로 삶이 달린다

마주쳤던 전차
양방향으로 떠난다

흐린 날 빗속으로…….

외길

한적한 외길
해거름
농익은 감빛 노을 속으로
한 남자가 묵묵히
아이의 손을 잡고 걷는다
처진 어깨의 뒷모습
그림자가 길게 따라간다
바람이 낙엽을 굴리며 따라간다
내 시선이 따라간다

한적한 외길
노을이 진다
한 남자가 묵묵히
아이의 손을 잡고 걷는다
그림자가 숨는다
낙엽은 여전히 바람에 구르고

고요

나에게 살이 있어
찢기는 아픔을 느낄 수 있고
나에게 영혼이 있어
쓰라린 고통을 느낄 수 있으니
감사합니다

심장이 뜨겁게 달아오르고
노여움으로 숨이 가빠올 때
심호흡하게 하시고

어둠을 짙게 내려 쉬게 하시고
새벽에 눈 떠 하늘을 보게 하시니
감사합니다

두 손을 주시어
이렇게 모으고 기도하게 하시니
그 또한 감사합니다

주흘산

주흘산 자락에 무주암(無主庵)이
나를 불러 앉혔습니다.

구름 한 폭 걷어 마름질하여
흐르는 계곡물에
산새 깃털 붓 삼아
찻잔 그려 산세의 호흡 담아
잡풀들의 내음 띄워 마십니다.

산길 굽이굽이 돌아온
바람이, 햇살이
나의 옷자락 건드리며
내려가자 합니다.

길섶 돌 틈에 낀 들꽃이
아쉬운 듯 잡아당기는 시선
외면하고 내려오는 길

아무렇게 뒹굴던 돌멩이 하나
발부리에 채입니다.

계곡의 물소리도 놓고 옵니다.

노을

해거름 술자리 마다하고 돌아오는 길
지나던 바람 머리칼을 제멋대로 흔든다.
노을도 흔들린다.
봇물 터지듯 뼈아픈 바람
미세한 혈관까지 터져버릴 듯,
허공을 더듬는 걸음
손끝 뜨거운 열기
머리로 치밀어 오르고 발끝까지 저릿저릿,
노을이 가슴을 친다.
땅거미 정강이로 차오르고
머리 위로 내려앉는 붉디붉은 노을.
그만 울컥
울음 터트리고 만다.

제4부

단비

단비가 운다
온 대지가 산천초목이 운다
기뻐서 운다
좋아서 운다
울음소리에 일어나
빗속에 얼굴을 묻고 운다
눈물에 기대 운다
울 엄니 텃밭에서 운다
빗줄기 속에 서서
고마워서 운다

산수유

햇살이 볼을 더듬어요
따사롭게 간질거려요
파르르 떨며 온몸에 소름이 돋았어요
설렘이 노랗게 물들어요
하늘은 파랗게 빛나고
종달새가 노래를 해요
햇살을 타고 봄이 쏟아져요
겨우내 움츠리고 있던 쓸쓸함이 녹고 있어요
올 것은 기어이 오고
갈 것은 어쨌든 갈 수밖에 없어요
지금은 꽃이 될 시간이에요
머나먼 당신이
거기에 있기 때문이지요

오월 장미가 피듯

열꽃 같은 붉은 꽃망울
바람을 부르느라 안달이다
꽃을 피우고 나면
질 수밖에 없다는 걸 너는 아는지
안다 한들 아니 필 수 있으랴마는
피고지고
오고감이
한밤 자고 일어남과 다를 바 없으니
어찌 아니 자고
아니 일어나랴
오월이면
장미가 꽃잎을 내고
가시가 돋듯
나도 세상에 생겨났나니
가시가 가시를 찔러도
나는 살리니

이슬에게

초침 잃은 밤을 보낸 새벽달 같은 동공에
밤새 내린 이슬
아침을 맞는 것이 서툴러
햇살 빚은 바람에 실어 보내면

이슬보다 더 맑은 아픔으로 가슴에 고여 오지
저녁을 맞이하는 법을 익혀야 하기 때문이야

그토록 아픈 것은 양심 때문이고
그렇듯 고통으로 느껴오는 것은
욕심 때문이란다

새벽이 꺾이면 한낮이 있고
그도 가버리면 노을이 오지
내일에 다시 떠오른다는 약속의 노을

목도리

붉게 달구어진
난로 앞에서
이유의 올을 만들고
오늘의 순간을 엮어간다

한 줄 위에 한 줄
한 줄 밑에 한 줄

지난 것도 올이 되어 이어지고
내일 것도 올이 된다

매듭이 생겨도
거기가 끝이 아니다

매듭을 지나
또 길게 하나로 이어낸다

망각

가스 불에 음식을 올려놓고
현실을 깜박 잊었다
새까맣게 타버렸다

수저로 닥닥 긁었다
쉽사리 떨어지지 않았다
냄비는 그나마 쓸 만했다
물에 담가 찌꺼기가 불어
떨어지길 기다렸으나
그대로는 떨어지질 않았다
철수세미로 박박 문질렀다
냄비는 제 모습을 찾아갔다

냄비에선, 타버린
까만 날들이
희뿌연 기억의 김 토해내고 있다

터널

정지선이 없다
점선도 없다
핸들을 꺾을 수도 없다
유턴할 곳도 없다
오직 앞차의 번호판만 보고
달려야 한다
앞으로 앞으로만 달려야 한다
조절할 수 없는 속도를
발끝으로 업고
검은 동굴 속을 달려야 한다
눈앞의 위험이
눈 밖의 위험을 감지할 수 있도록
머릿속에도
헤드라이트를 켜야 한다

이름 찾기

1. **시래기**

무에서 잘려 나와
지푸라기에 가지런히 엮여
햇살 슬며시
사랑채 처마 밑에 매달려
적당한 통풍으로
수분은 조금씩 말라가고
푸른 잎이 퇴색되어
지푸라기에서 풀려날 그날
침묵으로 기다리면

2. **메주**

콩이 삶아진 후
아랫목에서 군용담요에 덮여
숨죽이고 한세월 보낸 후
햇볕을 피하여
적당한 온도와 시간
약간의 바람으로

윗목 시렁에 매달려
속이 검게 되도록 썩어야 하고
푹 푹 썩어 곰팡이도
잘 피워내면

3. **오이지**
오이가
소금물이 담긴 항아리에서
커다란 돌에 눌리어
빳빳한 오기, 교만, 다 죽이고
온몸이 잘 절고 간이 배어
항아리에서 나오면

4. **당신의 아내 그리고 너희들 엄마**
시래기나물과 오이지에
된장국 끓여
식탁에 잘 차려내면

간판 하나

미처 끄지 못한
간판 하나가
가로등 틈에서
혼자 울고 있다

늙지 않는 갈대

소슬바람이
갈대숲 비집으며
사각사각 걸어옵니다

내 허리 휘감고
함께 가자 합니다

석양이 부어놓은
윤슬 밟고
가자 합니다

늙지 않는 갈대가
도리도리
머리를 흔듭니다

허기를 날린다

젖을 물고 눈 맞추며 웃는 아기의 모습에
적금 만기되어 탈 때
들풀이 바람에 흔들리는 모습에도
포만감을 느낄 수 있었다

이렇게 삶을 꾸역꾸역 먹어치우던 위
오랜 세월에 무뎌지고 비대해져
무엇이든 웬만큼 먹어선 포만감을 느낄 수가 없다
위를 채워 보기 위해 나선다

오늘의 메뉴를 골랐다
영화를 보고 멋진 레스토랑에서 칼질을 하고
호숫가 찻집에서
창밖으로 보이는 호수와 풍경들을 모두 먹었다
이렇게 하루를 거뜬히 해치웠다
허나 위는 포만감은커녕 허기조차 면해지지 않는다
아귀처럼 말이다

이젠 운동도구를 주섬주섬 챙겨들고
위를 절개하기 위해 나섰다
공에 허기를 담아 하나씩 날려 보낸다
욕망은 파란 하늘로
교만은 바람 속으로
욕심은 짙푸른 산을 향해 날린다
온몸은 땀으로 흥건히 배여 온다
무뎌지고 비대해진 위를 하루하루 조금씩 절개한다

어느 날 남서향집 거실

저녁 햇살이
거실 바닥에 슬슬 기어들며
그의 얼굴을 더듬고는 나의 눈을 관통한다
붉은 장미다발의 수분을 다 빨아먹고는
레드와인처럼 카펫 위에 쏟아진다

품던 알 부화시키듯 둘째딸 내어 보내고
그는 속이 헛헛한 모양이다
장국에 국수 말아 달란다
그에게 장국에 국수 말아 올리고
나는 토스트에 달착지근한 잼 발라 커피와 먹는다
이렇듯 다르게 30여년을 왔다

어느새 거실 바닥은 빛이 바래가고
물기 빠진 장미다발을 동공에 가둔 그의 눈망울이
시린 노을빛이다
그의 옆모습에 내 눈이 찔려 핏발이 선다

공

그들의 내부는 공개되지 않는다
그 속에서 푸성귀가 자란다
벌레도 사람도 함께 자는
귀뚜라미 울음 아이 웃음
벗어나지 못하고
씨는 익는다
허나 아무 씨도 뿌리지는 못한다
투명한 터널
끝과 속이 같은 세상

엄마 나 딸

딸을 출산할 때 친정에서 산후조리를 했다
그때 산 선풍기가
나의 엄마 집에서 돌아가고 있다

다림질을 한다
딸이 아기일 적 잠자리에 깔아주었던 담요가 아직 다리미 깔판이다

베란다 화초에 물을 준다
딸 초등학교 입학 기념으로 산 고무나무 잎이 무성하다

딸아이의 방
옷장도 책장도 컴퓨터도 인형도 아이가 그린 그림도 그대로 있다
책상 위에 딸이 쓰던 열쇠꾸러미가 자꾸 속을 뒤집는다

우리 집
딸이 우리 집에 없다 새로운 둥지를 만들어 갔다

집이 너무 넓어졌다
시선을 둘 곳이 없다

지우고 싶은 것들

어느 날 흰 눈이 세상을 모두 하얗게 덮어버렸습니다
상처투성이들이 순백의 영혼으로 바뀌었습니다
새들도 목쉰 울음을 떨어뜨리고 어디론가 날아가 버렸습니다
하얀 세상이 되었습니다

시간이 지나 눈이 녹아 버렸습니다
지워져 없어진 줄 알았던 것들이 속속 불거집니다
그냥 묻혀 있었을 뿐이었습니다
새들도 울음을 한입 가득 물고 다시 날아듭니다
지우고 묻어야 할 것들이 아니었습니다
그냥 보듬고 감내하며 가꾸어야 할 것들이었습니다

해설

여성으로서의 숙명과 감성

윤석산 시인 · 한양대 명예교수

1

'시 쓰기'란 무엇인가. 어느 의미에서 시 쓰기란 새로운 '이름'을 찾아가는 일인지도 모른다. 지금까지 세상에서 불리던, 그 이름을 버리고, 시인에 의하여, 시인이 터득한 방식의 새로운 이름을 붙이는 작업이 바로 시 쓰기가 아닌가 생각된다.

시인은 자신의 삶 속에서 만나게 되는 많은 일들과 사물들에게서 시인 나름대로 새로운 깨달음을 해 간다. 그 새로운 터득 속에서 얻은 새로운 이름을 붙이는 사람이 바로 시인이다. 그래서 미당은 '국화'를 '머언 먼 젊음의 뒤안길에서 인제는 돌아와 거울 앞에 선 내 누님 같은 꽃'이라고 명명하였고, 소월은 사랑의 진정한 가치는 '가시는 걸음걸음에 지려 밟히는 그 아픔까지고 감내하는', 그러한 희생이라고 노래하고 있다.

또한 시인이 어떠한 사물이나 일에 자신이 터득한 이름으로 명명을 하되, 어떠한 언어를 쓰며, 어떻게 명명하느냐는 매우 중요하다고 하겠다. 시라는 예술은 다름 아닌 언어예술이기 때문에, 여하히 언어에 대하여 깊이 있게 터득하며, 또 이 언어를 여하히 사용하는가가 바로 그 시인의 자질을 나타내는 길이기도 하기 때문이다.

김영숙 시인은 오랫동안 시를 자신이 이룩하고 있는 삶 속에서 구현하고 또 쓰고자 노력한 시인이다. 그러므로 김영숙 시인의 시에는 매우 주관적이고 또 개인적인 자신의 삶이 녹아 있음을 발견하게 된다. 즉 자신이 살아가는 삶의 방식으로 사물이나 일에 그 이름을 명명하고 있다고 하겠다. 따라서 김영숙 시인의 시에서 가장 먼저 발견할 수 있는 것은 한 여성으로서, 또는 아이들의 어머니로서, 한 사람의 아내로서의 삶, 그 삶의 세계들이다.

한 사람의 여성으로서, 한 가정의 주부로서, 또는 한 사람의 아내로서 살아가며 만나게 되는 일상의 일들, 일상의 사물들을 한 사람의 여성의 눈으로, 한 가정의 주부의 눈으로, 또는 한 사람의 아내의 눈으로 바라보고 읽으며, 이들에게 적절한 이름을 붙여주고 있다. 즉 김영숙 시인의 시들은 이러한 자신의 일상의 삶이 녹아 언어로 직조된 작품들이라고 말할 수 있다.

2

김영숙 시인은 현대를 사는 한 사람의 현대적인 여성이다. 나름대로 많은 사회적인 활동을 하려고 노력을 하고 있는 여성이기도 하다. 그러므로 밖으로는 많은 지인들이 있고, 이들과 지역과 사회에서 활동을 하며 자신의 삶의 영역을 지키며 살아가고 있는 여성이다.

이러한 한 여성임에도 불구하고 그녀의 깊은 의식 속에는 한 여성으로서 숙명적으로 만나야 하고, 또 살아가야 하는 나름의 고뇌가 자리하고 있다. 이러한 모습은 어쩔 수 없는 여성으로서의 운명인지도 모른다. 이와 같은 한 여성으로서의 숙명을 김영숙 시인은 다음과 같이 노래하고 있다.

그녀는 평생 갇혀 있는 문
굳게 닫혀 있는 문
누군가 인도해주지 않으면
열리지 않는 문
문밖은 아예

내다볼 생각도 못하는 문
그녀는 內外 중
內에 해당하는 삶이였어
천년 만에
열리는 문이었어
갇혀 있던 문이 걸어 나가
바람을 막던 문이
바람을 안기 시작했어
문 안과 밖은 하나
內, 外

—「그녀의 문」 전문

문은 열고 닫는 것이지만, 실상은 닫혀져 있으므로 그 기능을 한다. 닫혀져 있으므로 외부로부터 안전을 기할 수 있고, 또 보호할 수가 있다. 그러나 이러한 '보호'라는 이름으로 때로는 '문'은 '가둠과 억압의 장치'가 되기도 한다. 특히 우리나라 옛 여성들의 경우 '문'은 '가둠과 억압'의 한 대명사이기도 했다. 김영숙의 시 「그녀의 문」은 바로 이와 같은 우리나라 옛 여성의 전형적인 문으로서 그 기능을, 매우 상징적으로 표현한 작품이다.

시의 화자는 "평생 갇혀 있는 문/굳게 닫혀 있는 문/누군가 인도해주지 않으면/열리지 않는 문"에 갇혀 살고 있음을 토로하고 있다. 그러므로 "내다볼 생각도 못하는 문"을 자신의 숙명과 같이 지니고 살고 있음을 스스로, 스스로에게 밝히고 있다. 따라서 자신의 삶은 늘 "内에 해당하는 삶"이었다고 고백을 한다.

그러나 "갇혀 있던 문이 걸어 나가/바람을 막던 문이/바람을 안기 시작"하고, "문 안과 밖은 하나"가 되는, 그러한 삶을 희구하고 있다고 화자는 고백한다. "内, 外", 이 내외는 '안과 밖이라는 서로 상반을 이루는 이원성'을 지닌 낱말이지만, 궁극적으로는 남녀 서로가 서로에게 대하는 태도, 곧 '내외를 하는 것'의 또 다른 표현이기도 하다. 비록 '문 안과 밖은 하나'인, 그러한 세계를 동경하고 있지만, 궁극적으로는 이 '내외'가 지닌 그 벽을 뛰어넘지 못하고 있음을 김영숙 시인은 매우 간결한 표현으로 이렇듯 암시하고 있다.

어쩔 수 없는 숙명의 여인임을 이렇듯 시인은 노래하고 있는 것이다. 그러므로 김영숙 시인은 자신에게, 스스로를 투명하고 맑게 지켜온 유리창과도 같은 삶에 돌을 던져 한순간 와르르 깨뜨려버리기를 내심 희구하기도 한다. 다음의 시 「유리창 3」에서 바로 이와 같은 시인의 깊은 내심을 만나게 된다.

누가 돌 하나만 던져줘

와르르

왕창

한번 깨어져 봤으면

—「유리창 3」 전문

자신이 견지시켜온 삶이란 어느 의미에서 참으로 힘들고 어려운 삶이다. 그 삶이 풍족하고 또 화려한 삶이었다고 해도, 견지시키는 만큼의 어려움과 힘듦이 있다. 따라서 견지하고 견디는 사이, 자신도 모르게 또 다른 삶의 변화를 내심 희구하게 된다. 변화라는 것은 그 삶의 활력이 됨은 물론, 삶의 본질 자체가 바로 변화이기 때문에 더욱 그렇다.

그러나 그 변화를 위해 그렇게 쉽게 단안을 내릴 수 없는 것이 우리들의 삶이기도 하다. 마음속으로 변화를 원하고 있으면서도, 실은 단안을 내려 변화를 시도한다는 것은 참으로 어려운 일이기도 하다. 헤어스타일 하나 바꾸는 간단한 변화에도 때로는 어떠한 용기와 단안이 필요한 것이 우리네 인생인데, 자신의 삶을 바꾸는 크나큰 변화를 이루는 것이 얼마나 어려운 일이겠는가.

그러므로 시의 화자는 자신의 전격적인 변화를, 자신의 내면에서 일고 있는 그 변화에의 욕구를 스스로 실행하지 못하고, 외부적인 힘에 의하여 이루어지기를 고대하고 있다. 이와 같은 희구는 그러므로 "누가 돌 하나만 던져줘" 라고 속으로 가만히 외치게 된다. 누군가에 의하여 던져진 돌, 그 돌에 의하여 "와르르/왕창" 그렇게 "한번 깨어져 봤으면" 하고 내심으로 희구하고 있는 것이다. 그러나 실은 이와 같은 희구는 그 누구나 가지고 있는 것이기도 하다. 스스로 변화를 이루지 못하고 남에 의하여, 누군가에 의하여 던져진 돌에 의하여, 망가지고, 또 부서지고 싶다는 내심에의 희구, 이는 어쩌면 우리나라 옛 여성들이 지니고 왔던 오랜 속내였는지도 모른다.

이와 같이 어느 의미에서 김영숙 시인은 우리의 옛 여성들의 모습을 아직 버리지 못한, 그래서 그대로 지키고 살려는 한 사람의 여성인지도 모른다. 그러나 이러한 스스로의 지킴이 때로는 '삶에의 허기짐'으로 다가옴이 그 일반이다. 마음에의 허기짐, 마음에의 헛헛함이 마치 공허와 같이 다가오는 시간이 있었으리니, 다음의 시가 바로 이와 같은 마음에의 허기짐을 노래한 작품이다.

배고픈
나의 두 눈에

오늘밤은

별을 달아주어야겠다

—「허기」 전문

자신이 발 딛고 있는 현실을, 자신이 쳇바퀴마냥 매일 같이 돌고 도는 현실을 바라보아도 보이지 않고, 아무리 바라보아도 충족이 되지 않는 그 두 눈. 그러한 두 눈과 같은 헛헛함을 느끼며 살고 있는 자신에게 화자는 "오늘밤은/별을 달아주어야겠다"고 술회하고 있다. 허기로 인하여 실은 아무것도 볼 수 없는 마음의 눈에 별을 달아주므로 해서, 더 높은 꿈의 세계로 날아가고 싶은 마음을 이렇듯 노래하고 있는 것이다.

숙명적인 여인의 삶을, 그 삶을 때로는 벗어나고 싶은 그 욕구를 김영숙 시인은 이와 같이 밤하늘의 초롱초롱한 별로, 그러나 결코 현실이 될 수 없는, 현실의 저 먼 시공에 자리한 자신의 꿈으로 이렇듯 표현하는, 어쩌면 전형적인 여인의 삶을 살고자 하는 여인인지도 모른다.

3

한 여성으로서의 김영숙 시인은 가정의 주부로서, 아이들의 엄마로서, 아내로서 그 이름을 찾고, 그 찾은 이름으로 서 있고, 또 살아가는 모습을 또한 시로 노래하고 있다.

이러한 모습을 가장 명징하게 드러내는 작품은 「이름 찾기」라는 제목 아래 '시래기', '메주', '오이지', '당신의 아내 그리고 너희들 엄마'라는 부제를 붙여 쓴 작품들이다.

무에서 잘려 나와
지푸라기에 가지런히 엮여
햇살 슬며시
사랑채 처마 밑에 매달려
적당한 통풍으로
수분은 조금씩 말라가고
푸른 잎이 퇴색되어
지푸라기에서 풀려날 그날
침묵으로 기다리면

위의 작품은 '시래기'라는 부제를 붙이고 있는 작품이다. '시래기'는 우리의 전통음식이다. 김장철 무청들을 지푸라기에 엮어 햇살에 때로는 눈비를 맞히며 말리고 말려서 푸른빛이 다하면, 한 겨울이나 봄날에 나물이나 국을 끓여서 먹는 음식이다.

때로는 눈비를 맞으며, 햇볕에 쪼이며 지푸라기에 가지런히 엮이어 조금씩, 조금씩 수분을 말려가는 시래기. 그리하여 푸른 잎이 퇴색되고, 이내 지푸라기에 풀려서 나물이 되어 밥상 위에 오를 그날을 기다리는 시래기. 이는 어쩌면 오랜 인고의 기다림을, 그 삶을 사는 우리네 여인의 한 생애와도 같은 것이 아니겠는가.

이와 같은 '시래기'와 함께 우리 전통음식의 대표적인 된장이나 간장을 띄우는 '메주' 역시 시인의 좋은 시적 제재가 되고 있다. 다음의 작품은 이러한 '메주'를 노래한 작품이다.

> 콩이 삶아진 후
> 아랫목에서 군용담요에 덮여
> 숨죽이고 한세월 보낸 후
> 햇볕을 피하여
> 적당한 온도와 시간
> 약간의 바람으로
> 윗목 시렁에 매달려
> 속이 검게 되도록 썩어야 하고
> 푹 푹 썩어 곰팡이도
> 잘 피워내면

콩을 삶아 찧고 찌어 비진 다음, 묵힌 뒤에 적당한 온도와 시간 동안을 윗목 시렁에 매달아 '속이 검게 되도록' 띄워져야 하는 '메주', 그러므로 간장이나 된장이 되어 밥상에 오를 그날을 기다리는 '메주', 이 역시 기다림의 삶을 살아야 하는 우리네 여인의 한 생애와도 같은 것이 아니겠는가.

'시래기'와 '메주'에 이어 '오이지' 역시 시인의 시적 제재가 되고 있다. 다음은 '오이지'라는 부제를 단 시이다.

오이가
소금물이 담긴 항아리에서
커다란 돌에 눌리어
빳빳한 오기, 교만, 다 죽이고
온몸이 잘 절고 간이 배어
항아리에서 나오면

싱싱하고 잘 생긴 오이가 소금물에 담겨져 커다란 돌에 무겁게 눌려 있다가, 이내 몸에는 간이 배고, 그 몸은 쭈글쭈글 주름이 잡히고 후줄그레 하게 되어서, 비로소 가족들을 위한 밥상에 오른다. 가정을 위해, 가족을 위해 때로는 시래기가 되어 푸르름 모두 말려질 때가지 견디고 기다려야 하며, 때로는 메주가 되어 속이 검게 썩어 띠어질 때까지 시렁에 매달려 있어야 하며, 또는 빳빳한 오기, 교만 다 죽이며 무거운 돌에 눌리어 소금에 절여져야 하는 삶이 우리네 여인의 삶인지도 모른다. 그러한 삶이 바로 '당신의 아내이고 또 너희들의 엄마'라고 시의 화자는 담담히 말하고 있다.

'시래기', '메주', '오이지' 등의 작은 부제를 달고 있는 이 시는 그래서 "시래기나물과 오이지에/된장국 끓여/식탁에 잘 차려내면" 이것이 바로 "당신의 아내 그리고 너희들 엄마"라고 술회하듯이 노래하고 있다.

한 사람의 아내로서, 아이들의 엄마로서의 삶을 숙명으로 받아들이고 있는 김영숙 시인의 모습은 다음과 같은 시에서 더욱 확연히 들어나고 있다.

> 큰 아이가 우리의 울타리를 벗어난단다
> 저장고에 넣었던 것 죄다 꺼내 딸의 봇짐 속에 넣어주었다
>
> 둘째 아이가 우리의 울타리를 벗어난단다
> 저장한 먹이 모두 딸의 봇짐 속에 넣어주었다
>
> 그의 출근길이
> 살아온 인생보다 더 멀어졌다
>
> —「그의 출근길」 전문

큰 아이를 시집보내고, 또 작은 아이를 시집보내고, 큰 아이, 작은 아이를 여의면서 모두 모두 꺼내 바리바리 봇

짐을 싸 보내고, 그리고는 오늘도 출근을 하는 남편의 뒷모습을 바라본다. 바리바리 싸 보내서가 아니라, 곱게 키워온 딸들을 이제 곁에서 떠나보낸 아빠의 출근길. 그 모습이 오늘 따라 더욱 쓸쓸하여 살아온 인생보다 더 멀게 느껴지는 것은 모든 여인들의 마음이 아니겠는가. 이러한 남편을 바라보는 아내의 마음이 다음의 시에 매우 절실하게 표현되고 있다.

전봇대를 붙잡고 늘어진 전선 위로
눈발들이 공중곡예를 한다
낡은 빗살처럼 가늘게
창문에 얼비친 그림
태아처럼 등 굽은 사내
터벅터벅 내딛는 발자국이 깊다
낡은 구두에 눈발이 든다
붉은 시멘트벽 세월의 파편 자국으로
군데군데 얼룩져 서럽다
생의 한 모롱이
무거운 외투가 그림자를 업고
젖은 구두가 사내를 끌고
꿈꾸듯 지워질 듯 사라져 간다
눈발도 차갑게 돌아 눕는

너무나 깊은 골목

—「너무나 깊은 골목」 전문

한 사람의 가장으로 가족을 위하여 살아온 삶은 마치 '골목과 같이 깊다'고 노래하고 있다. 눈이 내리나 비가 내리나 "낡은 빗살처럼 가늘게/창문에 얼비친 그림" 그리하여 마치 "태아처럼 등 굽은 사내", 그가 내딛는 발자국은 '터벅터벅', 그렇게 깊고, 또 쓸쓸하다. "무거운 외투가 그림자를 업고/젖은 구두가" 끌고 가는 사내. "꿈꾸듯 지워질 듯 사라져"가는 모습. 그 사내는 마치 "눈발도 차갑게 돌아 눕는/너무나 깊은 골목"이라고 시인은 노래하고 있다.

한 사람의 아내로서 평생을 함께해온 동반자 자신의 남편을 바라보는 그 시각이 오히려 정겹다. 남편이 지니고 살아왔을 그 쓸쓸하고 외로웠던 내면을 이렇듯 바라보는 아내의 시각은 정겨움을 넘어 따뜻하기까지 하다.

김영숙 시인은 이렇듯 한 여인으로서의 숙명을, 또는 가정의 주부로서의 자신을, 나아가 아이들의 엄마로서, 한 남자의 아내로서의 삶을 때로는 담담하게, 때로는 처연하게 노래하므로, 한국 여성의 모습을 시로 형상화시키고 있다.

4

한 여인으로서의 김영숙 시인은 자신의 시적 관심을 다만 가정에만 머물지 않고, 그 시야를 넓혀 자신의 주변으로 돌리고 있음 또한 볼 수가 있다. 우리의 주변에서 흔히 만나게 되는 '독거노인', 이들이 지닌 지난한 삶을 바라보며, 어쩌지 못하는 자신을 발견하고 시인은 이내 자책에 빠진다.

가만히 문고리를 밀고
초겨울을 내다본다
가을걷이 끝낸 텅 빈 들판에 홀로 남은 허수아비
옷자락이 바람에 시달리며 펄럭인다

부스스한 허연 머리 바람에 날리며
절룩절룩 절며 황혼 길을 걸어가는 노인
등 봇짐이 기울어져 있다

노인이 걸머진 봇짐 고쳐 매주지 못하고
오르락내리락 마음 발만 헛디디고
울컥, 회오리처럼 쓸쓸함만 흥건히 가슴에 고여 온다

다만 마음 곳간 깊이 묻어 두었던 불씨마저

꺼질세라 다독여본다

—「독거노인」 전문

원래 우리네 삶에서 가장 어렵고 쓸쓸한 사람들을 사궁(四窮)이라고 말한다. 부인을 잃은 홀아비 '환(鰥)', 그리고 지아비를 잃고 홀로 사는 여인 '과(寡)', 어려서 일찍 부모를 잃은 어린아이 '고(孤)', 늙어 자식이 없어 쓸쓸하게 사는 노인 '독(獨)'. 이렇듯 '환과고독(鰥寡孤獨)'을 사궁(四窮), 곧 네 부류의 궁색하고 어려운 삶이라고 한다.

오늘날 고령화 사회로 접어들게 된 우리 사회에서는 나이 들어 자식이 없거나 자식들이 돌보지 않아 외롭고 힘들게 사는 독거노인(獨居老人)들이 많아, 이 분들이 사회적인 아픔이 되고 있다. 이러한 노인들의 삶을 바라보며, "노인이 걸머진 봇짐 고쳐 매주지 못하고/오르락내리락 마음 발만 헛디디고/울컥, 회오리처럼 쓸쓸함만 흥건히 가슴에 고여 온다"고 시인은 술회하고 있다. 이웃에 대한, 사회에 대한 따듯한 눈길을 발견할 수 있는 대목이다. 그러므로 "다만 마음 곳간 깊이 묻어 두었던 불씨마저/꺼질세라 다독여" 보는 자신을 발견하고, 쓸쓸히 한 시대의 아픔에 스스로를 동참시키고 있다

이러한 주변적 삶에 대한 성찰과 눈여겨봄은 다만 특정한 부분에 머물지 않고, 그 시야를 확대하고 있으며, 이러

한 주변적인 상황은 이내 시인의 내밀한 내면으로 자리하고 있음을 또한 볼 수가 있다.

어둠이 조금씩 지워져간다
눈 밖의 풍경들이 거침없이 경계를 넘어온다
걷히지 않은 새벽안개가
뭇 사물들의 발목을 붙잡고 있다
떠나지 못하고 유리창을 배회하고 있는 것이
안개만은 아닌 듯
놀이터 그네 위에 남은 체온이
누군가를 기다리고 있다
한밤을 건너온
구겨진 신문지의 물먹은 문장들을 어떻게 읽을까
속을 다 비워낸 소주병 혼자
쓸쓸히 뒹굴고 있다
모과나무의 검은 잎은 단단히 묶여 있고
아직 깨어나지 않은 풍경들이
꾸역꾸역
들숨 날숨으로 경계를 넘는다

—「유리창 1」 전문

유리창 밖으로 어둠이 차츰 물러가고 새벽의 여명이 서

서히 다가온다. 이러한 시간, 사람들은 지난 어둠의 시간 속에 남겨두었던 기억들을 새벽의 그 여명과 함께 떠올리기도 하고, 혹은 그 기억으로 인한 상념에 젖기도 한다. 이와 같은 일련의 심정적 변화를 새벽이 지닌 풍경과 함께 매우 세밀하게 그려내고 있다.

"눈 밖의 풍경들이 거침없이 경계를 넘어오고", 이내 "놀이터 그네 위에 남은 체온이/누군가를 기다리고 있고", "한밤을 건너온/구겨진 신문지의 물먹은 문장들" 그리고 "쓸쓸히 혼자 뒹굴고 있는/속을 다 비워낸 소주병 하나" 등의 여러 사물이 "아직 깨어나지 않은 풍경들"로 "꾸역꾸역/들숨 날숨으로 경계를 넘어오는" 새벽의 풍경 속에서, 시의 화자는 담담하게 지나가고 또 담담하게 다가오는 일상을 맞이하고 있다. 그러므로 이와 같은 외적인 풍경이 다만 외적인 풍경으로 남지 않고, 화자의 내적 풍경으로 그려지고 있음을 볼 수가 있다. 차분하고 고적한 그러한 내적인 풍경으로.

이와 같은 모습은 다음의 시에서도 확인할 수가 있다.

굵게 구겨진 낡은 시멘트벽
앙상한 줄기만 남도록 떠나지 못한 담쟁이
열차의 소음으로 뛰어든다
벽을 검게 덧칠하고 있는 이끼

혁명 같은 누린내를 풍기고
녹슬어 누워 있는 철길 위로
잔뜩 배불린 열차가 굉음에 끌려간다

깨진 시멘트벽으로 스며드는
철없는 진눈깨비
사방팔방으로 흩어진다

역사(歷史)는 녹슨 철로 위에 누워 잠자고
역사(驛舍)는 뛰어드는 진눈깨비를
조심조심 받아 안는다

—「오래된 驛舍에서」 전문

앞의 시 「유리창 1」이 밤과 새벽이라는 시간을 노래한 것이라면, 「오래된 驛舍에서」에서는 역사(歷史) 속에 남겨진 역사(驛舍)를 노래하므로, 시간과 공간이 묘하게 서로 오버랩 되는 작품이다. 다만 시간과 공간만이 오버랩 되는 것이 아니라, 역사(歷史)와 역사(驛舍)라는 동음이어(同音異語)의 효과를 통해 시적인 재미와 맛을 높이고 있다.

오래되고, 그래서 이제는 군데군데가 깨어진 시멘트벽을 지닌 역사(驛舍), "녹슬어 누워 있는 철길 위로/잔뜩 배불린 열차는 굉음에 끌려가고", 깨어진 시멘트벽으로는 철없는 진눈깨비가 스며들며 사방팔방으로 흩어진다.

어찌 보면 우리의 지나온 역사라는 것이 이런 것인지도 모른다. 혁명 같은 누린내를 풍기며, 잔뜩 배불린 존재들은 굉음을 울리며 역사의 이면으로 끌려가고, 그래서 이제는 황폐해진 현실 안으로 스며들며 사방팔방 흩어지는 진눈깨비 같은 우리의 스산한 민초들.

김영숙 시인은 자신의 사소한 일상에서 뿐만이 아니라, 이 사소한 일상의 안에 내장되어 있는 보다 근원적인 우리의 문제까지 이렇듯 섬세하게 노래하고 있다. 그러므로 그의 시가 다만 자신의 가정이나, 한 여인으로서의 시각을 벗어나, 보다 새로운 지평을 열 수 있는 가능성을 보여주고 있다고 하겠다. 더구나 제재나 시각의 확대만이 아니라, 보다 내면화시키므로, 서정시의 세계를 내적으로 열어갈 수 있는, 그러한 가능성을 보여준다. 다음의 시에서 이러한 그의 내면화 작업을 보다 분명히 볼 수 있다.

폭설이 강기슭을 두껍게 덮는다
강물 위엔 잘려진 나무토막들이 짐승 뼈처럼 서 있다
청둥오리들은 보이지 않고
강을 떠날 수 없는 갈대의 마른 울음소리가
기억을 놓쳐버린 바람처럼
눈발에 묻힌다

강물 위에 찍힌 저 하얀 발자국들은
지금 어디로 흘러가는지
아무리 기다려도 휴대폰은 울리지 않는다
하얗고 슬픈 발자국이 되어
너에게로 다가갔을 때
너는 왜 자꾸 하류로만 흘러갔는지
겨울 샛강은 대답이 없다

—「겨울 샛강」 전문

폭설이 두껍게 덮고 있는 강기슭이며, 나무토막들이 짐승 뼈처럼 서 있는 겨울강의 풍경. 그리고 아무리 기다려도 울리지 않는 휴대폰. '겨울 샛강'에서 상실과 그 상실로 인해 스스로 품게 되는 아픔, 그리고 슬픔을 매우 차분하게 형상화시키고 있는 작품이다.

그러므로 다만 한 여인으로서의 숙명이나, 아내, 엄마로서의 삶에 대한 숙명뿐이 아니라, 인간의 내면에 자리하고 있는 보다 섬세한 감성의 시적 세계를 열어갈 수 있을 것으로 기대된다. 또한 이번 시집에서 보여주었던 몇몇 작품들과 같이, 그와 같은 세계로 나갈 수 있을 때, 그와 같은 세계를 내밀한 언어로 직조해 낼 때, 김영숙 시인의 시는 또 다른 시적 세계로 한 발자국 더 나가는 계기를 마련할 것으로 기대된다.

문학의전당 시인선 140

너무나 깊은 골목

ⓒ 김영숙

초판 1쇄 인쇄 2012년 11월 22일
초판 1쇄 발행 2012년 11월 28일
지은이 김영숙
펴낸이 김석봉
디자인 조동욱
펴낸곳 문학의전당
출판등록 제311-2012-000043호
주소 서울시 은평구 연서로11길 7-5 401호
편집실 서울시 마포구 공덕2동 404 풍림VIP빌딩 413호
전화 02-852-1977
팩스 02-852-1978
블로그 http://blog.naver.com/mhjd2003
전자우편 sbpoem@hanmail.net

ISBN 978-89-98096-10-6 03810

*이 책의 판권은 지은이와 문학의전당에 있습니다.
*양측의 서면 동의 없는 무단 전재 및 복제를 금합니다.
*잘못 만들어진 책은 바꿔드립니다.

*이 책은 안산시 문화예술진흥기금을 받아 제작되었습니다.